Identifica la forma

Las formas en los jardines

Rebecca Rissman

Heinemann Library
Chicago, Illinois

Designed by Joanna Hinton-Malivoire
Photo research by Tracy Cummins and Heather Mauldin
Color Reproduction by Dot Gradations Ltd, UK
Translation into Spanish by DoubleOPublishing Services
Printed and bound by South China Printing Company Ltd

13 12 11 10 09
10 9 8 7 6 5 4 3 2 1

ISBN-13: 978-1-4329-3623-5 (hc)
ISBN-13: 978-1-4329-3629-7 (pb)

Library of Congress Cataloging-in-Publication Data
Rissman, Rebecca.
  [Shapes in the garden. Spanish]
  Las formas en los jardines / Rebecca Rissman.
      p. cm. -- (Identifica la forma)
  Includes index.
  ISBN 978-1-4329-3623-5 (hardcover) -- ISBN 978-1-4329-3629-7 (pbk.)
  1. Shapes--Juvenile literature. 2. Gardens--Juvenile literature. I. Title.
  QA445.5.R572718 2009
  516'.15--dc22
                              2009011034

Acknowledgments
The author and publishers are grateful to the following for permission to reproduce copyright material: ©Alamy pp. **4** (G P Bowater), **6** (Philipp Zechner), **9** (Tom Mackie), **10** (Tom Mackie), **17** (Caro), **18** (Caro); ©Shutterstock pp. **11** (Bill Perry), **12** (Bill Perry), **13** (Salamanderman), **14** (Salamanderman), **15** (MaxPhoto), **16** (MaxPhoto), **19** (Kevin Eaves), **20** (Kevin Eaves), **21** (Salamanderman), **23** (Bill Perry); ©SuperStock pp. **7** (fStop), **8** (fStop).

Cover photograph of Chateau De Hautefort, France reproduced with permission of ©Alamy/ PCL. Back cover photograph of a garden shed reproduced with permission of ©SuperStock (fStop).

Every effort has been made to contact copyright holders of any material reproduced in this book. Any omissions will be rectified in subsequent printings if notice is given to the publisher.

Contenido

Las formas

Las formas están en todas partes.

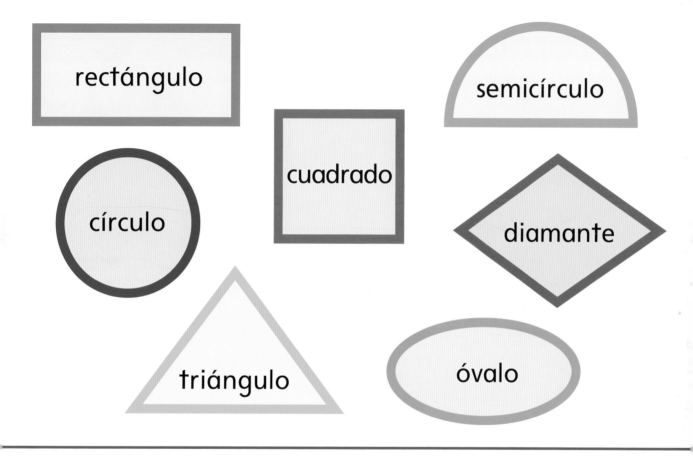

rectángulo

semicírculo

cuadrado

círculo

diamante

triángulo

óvalo

Cada forma tiene un nombre.

Las formas en los jardines

Hay muchas formas en un jardín.

¿Qué forma tiene la puerta
de este cobertizo?

La puerta de este cobertizo
es un rectángulo.

¿Qué forma tiene este estanque?

Este estanque es un óvalo.

¿Qué forma se ve debajo
de este puente?

La forma debajo de este puente
es un semicírculo.

¿Qué forma tienen estos setos?

Estos setos son cuadrados.

¿Qué forma se ve en esta flor?

Se ve un círculo en esta flor.

¿Qué formas tiene esta cerca?

Esta cerca tiene diamantes.

¿Qué forma tiene este árbol?

Este árbol es un triángulo.

Hay muchas formas en este jardín.

¿Qué formas ves tú?

Nombrar las formas

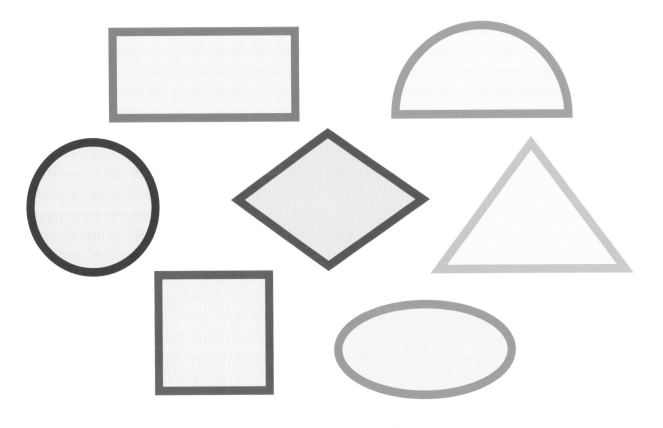

¿Te acuerdas de los nombres
de estas formas?

Glosario ilustrado

seto una hilera de arbustos, árboles o matas que se plantan muy cerca el uno del otro

Índice

Nota a padres y maestros
Antes de leer
Use cartón para hacer dos conjuntos de las formas que aparecen en la página 22. Entregue a cada niño una forma y pídales que exploren el salón en busca de cosas que tengan la misma forma. Explique que las formas pueden tener varios tamaños.

Después de leer
Collage de un jardín: Use papel coloreado para recortar una variedad de formas (por ejemplo, triángulos verdes, rectángulos y cuadrados marrones, círculos amarillos, diamantes púrpuras, semicírculos rosados y óvalos rojos). Pida a los niños que usen las formas para hacer flores, árboles y arbustos. Ayúdelos a pegar las formas a una hoja de papel para hacer un collage de un jardín.